박혜수 엮음

서강대학교에서 독문학을 전공하고 일본 ICU대학에서 공부했다. 『동승』, 『쥬쥬Park이 스타킹에게』, 『별똥별을 기다리며』, 『무라카미 류는 도대체』 등 다수의 책을 집필하였고, 전문 번역가이자 출판 기획자로서 50여 권의 책을 우리말로 옮겼다. 현재 출판사를 운영하며 좋은 책 만들기에 전념하고 있다.

전갑배 그림

서울대학교 미술대학 응용미술학과를 졸업하고 동 대학원에서 시각디자인(일러스트레이션)을 전공했다. 서울시립대학교 산업디자인학과, 디자인 전문대학원 교수로 재직하며 많은 개인전과 협회전을 가졌으며 청계천 '문화의 벽' 벽화 작업 등에 참여했다. 1988년 출판한 『바리데기』, 『당금애기』 2편은 한국인의 탄생과 죽음, 정신세계를 시각적으로 재현한 대표 작품집으로 평가받고 있다. 지금은 북촌에 거주하며 개인전을 통해 자연으로의 회귀, 한국적 조형성, 토속성을 담은 작품들을 발표하고 있다.

한성자 감수

이화여대 화학과, 독문과 대학원을 졸업한 후 독일 보훔대학에서 독문학을 전공하여 박사학위를 받았다. 동국대에서 불교학 박사학위를 받고 동국대 강사, BK21 연구교수 등으로 일했으며 현재는 동국대 평생교육원에서 강의하고 있다.

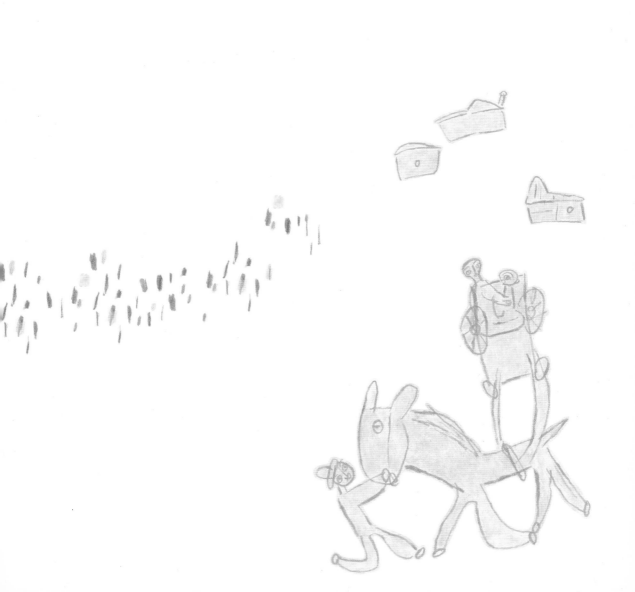

저녁가버려그―리ㅁ

사람은 마음이 사는 집에 사네

전갑배의 그림으로
읽는
아름다운
지혜의 글

사람은
마음이 사는
집에 사네

박혜수 엮음
한성자 감수

문화書숲

세상에 누가 있어 그대의 갈대숲을 가지런히 하고

세상에 어떤 온기가 있어 그 숲을 다시 빛나게 하겠습니까

차례

우리는 패턴화된 잣대로 구분된 시간대를 살아갑니다.

태어나서 초등학교 입학 전까지를 유년기라 하고, 초등학교 다닐 무렵은 아동기, 그 후 청소년기를 거쳐 어른이 됩니다. 어렸을 때는 어른들의 아이 취급에서 벗어나고 싶어 하루라도 빨리 어른이 되고 싶어 하지만 막상 시간이 흘러 어른의 대열에 끼게 되면 그 시간대에 맞게 성장하지 못한 대부분의 사람들이 당황스럽고 어지러운 삶을 살기 시작합니다.

저는 그랬습니다. 어른을 흉내 내어 다른 어른들을 만나고, 일을 하고, 돈을 벌고, 쓰고…… 시간이 흐름에 따라 점점 더 깊숙이 어른의 시간대로 밀려들어 가면서도 사실은 한 번도 어른인 적이 없었기 때문에 늘 당황스럽고 힘들었습니다.

저만 그런 건 아닐 것입니다. 어쩌면 누구나 서툰 삶을 살아가며 한 번 쯤은, 어떤 사람들은 아주 빈번히 울적한 마음으로 하늘을 올려다보는 일이 있을 것입니다.

하늘에 눈이 있다면 어찌하여 제가 홀로 표류함을 보지 못하나이까……

중국 후한 말기의 시인 채염이 쓴 『호가십팔박胡笳十八拍』의 한 구절입니다. 채염이 시를 쓰게 된 배경이며 사연과 관계없이 이 글귀에 담긴 절절함은 우리 각자의 사연이나 상황과 맞아떨어져 슬픔 어린 공감을 불러일

으킵니다. 불경과 한시들을 포함하여 옛글이 우리에게 공감과 위안을, 때로는 지혜를 주는 것은 바로 그런 이유 때문일 것입니다.

이 책은 불경을 해석하거나 한시를 직역한 것이 아닙니다. 우리말로 번역된 여러 권의 책들과 한문으로 된 원문을 비교해 가며 읽고 그 글귀들이 제 마음에 와 닿은 느낌을 담아 다시 쓴, 어찌 보면 엉터리 옛글들입니다. 하지만 그 옛글들이 전갑배 화백님의 아름다운 그림과 어우러져 이 책을 읽는 여러분의 마음이 사는 집 어딘가에 한 폭의 시화詩畵로 걸릴 수 있다면 좋겠습니다.

아울러 이 책에 실린 옛글들을 꼼꼼히 감수해 주신 한성자 교수님께도 깊은 감사의 마음을 전합니다.

2018년 늦은 봄에

박혜수

세상에 누가 있어
그대의 갈대숲을 가지런히 하고
세상에 어떤 온기가 있어
그 숲을 다시 빛나게 하겠습니까.

01

마음의 길에 관하여

나는 겨울 숲에 홀로 사는
부엉이를 닮았습니다.

그대는 어떻습니까.

마음의 길에 관하여

저녁밥 푸리미. 가스표.   2011. 4. 8.

서툴고 아슬아슬하게 지내 온 시간들의
외롭고 고달팠던 기억

그 날들이 차곡차곡 쌓여
그것을 인생이라 한다면
너무 서글프지 않겠습니까.

다시 살라면 언제로 돌아가 다시 시작할 수 있을까
돌아가고 싶을 만큼 평안했던 날이 과연 있었던가

그런 생각을 하진 않습니까.

마음의 길에 관하여

찬 비에 시달린 갈대숲처럼
엉키고 얽힌 것이 많지는 않습니까.

세상에 누가 있어
그대의 갈대숲을 가지런히 하고

세상에 어떤 온기가 있어
그 숲을 다시 빛나게 하겠습니까.

마음의 길에 관하여

나를 아는 이는
내 마음에 근심이 있다 하고

나를 모르는 이는
내가 바라는 것이 있다 할 것입니다.

知我者 謂我心憂
不知我者 謂我何求

시경 왕풍王風 _서리서黍離序

마음의 길에 관하여

남들의 욕심에 놀라고
나의 욕심을 부끄러워하며
적막한 세상을 헤매는
다스려지지 않는 마음

땅바닥에 던져져
애타게 파닥이는 물고기처럼
그렇게 살아오진 않았습니까.

如魚在旱地 以離於深淵也

心識極惶懅

출요경 제32 심의품

번뇌가 감히 나의 마음을 부리는 것은
버리지 못한 욕심 때문일지 모릅니다.

制意爲善 自調則寧
輕躁難持 惟欲是從

법구경 제11 심의품

마음의 길에 관하여

가장 지키기 어려운 것은 나의 마음
가장 소중한 것 또한 나의 마음이니

마음을 지키며 닦고 다스리면
큰 강이 쉼 없이 흐르며
또한 변함없이 그곳에 있듯

스스로 고요해지고 평안해질 것입니다.

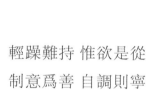

輕躁難持 惟欲是從
制意爲善 自調則寧

법구경 제11 심의품

마음의 길에 관하여

사랑도 기쁨도
고뇌와 다툼도 모두
마음의 집에 잠시 피었다 사그라지는
한바탕의 춤사위

모든 일은 마음에서 비롯되니
마음이 주인이 되어
세상을 움직입니다.

법구비유경 제9 쌍요품

먼 산의 빈 골짜기에
소리가 울리면
그 소리를 따라 메아리가 퍼지듯

마음이 빚어내는 생각의 그릇에
나의 세상이 담깁니다.

譬如空谷隨聲發響

悟解自心 隨念見佛 我如是知

如是憶念 所見諸佛 皆由自心

화엄경40권본 제6권
입부사의해탈경계보현행원품

마음의 길에 관하여

마음이 단정하고 뜻이 바르면
그대로 머물러도 향기가 나니

산다는 것은 어쩌면
마음이 단정한 벗을 찾아 떠나는
호젓한 여행

길가에 핀 들꽃이
홀로 아름다운 향을 내는 것은
그 마음이 바르고
뜻이 어지럽지 않기 때문입니다.

心端 意正 此乃爲好

칠녀경

마음의 길에 관하여

사랑 때문에, 절망 때문에
욕심과 집착 때문에
괴로웠던가요.

마음은 홀로 멀리 가며
어느새 형체 모를 세상을 이루어
내 안으로 숨어듭니다.

獨行遠逝 覆藏無形

법구경 제11 심의품

마음의 길에 관하여

기쁨은 사유를 통해 생겨나
어리석은 마음을 다독입니다.

새벽에 홀로 깨어
마음의 안과 밖을 살피면
내 안의 뜰이 어느새
기쁨의 빛으로 환해집니다.

心當觀外
亦當觀內
自思惟歡然

불설아함정행경

마음의 길에 관하여

깊은 연못이 맑은 것은
물이 고요하기 때문
바람에 흔들리지 않는 돌처럼
단단한 마음을 가져야 할 것입니다.

네모난 돌처럼 반듯하고
흔들리지 않는 마음은
맑고 깨끗합니다.

持心當如四方石
譬如深淵 澄靜淸明
慧人聞道 心淨歡然

불설아함정행경
법구비유경 제14 명철품

마음의 길에 관하여

그러므로 원망을 오래 품지 말고
화난 마음에도 오래 머물지 마십시오.
지혜로운 사람은 언제나
스스로를 돌아보고 마음을 단속합니다.

02

마음을 다스린다는 것

첩첩산중에 가로막힌 장강과 한수 사이
어수선한 시절 따라 땅끝까지 와 버렸습니다.

해마다 낯선 땅 낯설게 살다 보니
이르는 곳마다 편안할 수 없었습니다.

왕찬은 집 밖에서 난리를 겪고
굴원도 궁 밖에서 한을 달랬지요.

바르게 가지려던 마음
뜻이 꺾이니
가는 길 하루하루 외롭고 고단합니다.

江漢山重阻 風雲地一隅
年年非故物 處處是窮途
喪亂秦公子 悲凉楚大夫
平生心已折 行路日荒蕪

두보杜甫의 시, 땅끝

장강[長江] : 양자강의 다른 이름으로, 길고 큰 강을 뜻함
한수[漢水] : 장강[長江]의 최대 지류로, 섬서성[陝西省] 영강현[寧羌縣]에서 발원하여 장강으로 유입됨
왕찬[王粲] : 후한말, 삼국시대의 위나라 시인. 진공자(秦公子)는 별명
굴원[屈原] : 전국시대 말엽 초나라의 시인이자 정치가

마음을 다스린다는 것

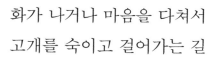
화가 나거나 마음을 다쳐서
고개를 숙이고 걸어가는 길

그 걸음이 고단한 것은
밖에서 들어온 것들이
마음을 휘젓기 때문입니다.

마음을 다스린다는 것

오는 것은
오는 대로
지나가는 것은
지나가는 대로
조용히 지켜보며 흘러가게 하십시오.

밖에서 들어온 것들에
휘둘리지 않고
내 마음이 내 것이 될 때 비로소
나의 삶이 시작됩니다.

마음을 다스린다는 것

마음은 나의 스승

저마다 다른 이야기로 엮어가는 삶의 여정에
마음만한 스승이 따로 있겠습니까.

흔들림없이 반듯한 마음은
고단한 삶의 길을 밝히는
환한 등불이 되어 줄 것입니다.

自己心爲師 不隨他爲師
自己爲師者 獲眞智人法

법집요송경 제23 기신품

마음을 다스린다는 것

남의 마음을 판단하기 전에
내 마음을 들여다보십시오.

남을 이기기 전에 먼저 나를 이기고
남을 가르치려 하기 전에
먼저 내 마음을 닦아 바르게 하십시오.

마음을 다스릴 수 없다면
남의 마음도 보이지 않을 것입니다.

當自剋修 隨其教訓
己不被訓 焉能訓彼

출요경 제24 아(我)품

마음을 다스린다는 것

나를 이긴 사람,
나를 탓하고 욕한 사람,
내 것을 빼앗은 사람……

그를 미워하고 원망하다 보면
그 미움을 품은 나 자신까지 미워져
창피하고 억울한 마음에
더 큰 상처가 새겨집니다.

人若罵我 勝我不勝
快意從者 怨終不息

快樂從意者 怨終得休息

출요경 제15 분노품
법집요송경 제14 원가품

마음을 다스린다는 것

그러나 삶은 쉴 새 없이 흐르고 흘러
바다로 스며드는 강물과 같아서

모욕당해 상처입은 마음
나를 이긴 사람을 이기지 못해 분한 마음
이 또한 다 지나가고 덮어질 것입니다.

마음을 다스린다는 것

원한과 미움은
활활 타는 불 속에 던지는 장작더미와 같아서

원한은 원한으로 지울 수 없으니
오직 참고 다스려
버릴 때 비로소 사라질 것입니다.

不可怨以怨　終以得休息
行忍得息怨　此名如來法

법집요송경 제14 원가품

마음을 다스린다는 것

화난 마음에 오래 머물면
원망 또한 깊어집니다.

그러므로 원망을 오래 품지 말고
화난 마음에도 오래 머물지 마십시오.

지혜로운 사람은 언제나
스스로를 돌아보고 마음을 단속합니다.

常當自防護 以義內省察
不怒亦不害 常與賢聖俱

잡아함경 제40권

마음을 다스린다는 것

마음이 탁해지는 것은
나를 마구 휘젓고 부리는
욕심과 원망, 미움 때문

허술하게 이은 지붕 틈으로 비가 새듯이
탁한 마음에 번뇌가 스밉니다.

蓋屋不密 天雨則漏
意不惟行 淫泆爲穿

법구경 제9 쌍요품

마음을 다스린다는 것

마음이 어지러운 것은 집착 때문
집착은 나의 소견에서 비롯됩니다.

我見生已 有所取著
取著爲緣 心卽散亂
由散亂故 卽起妄語

불설대생의경

마음을 다스린다는 것

기쁨을 탐하는 마음이 나의 소견을 만들고
만족하지 못하는 마음에 탐욕이 스밉니다.

以其內心 無厭足故 卽生喜貪
以貪緣故 卽生我見

불설대생의경

저나가방버그ㅡ리ㅁ. 새버ㄱ7. 2011. 4. 6.

마음을 다스린다는 것

만족하지 못하는 것은
마음을 정하지 못하기 때문

마음을 정하지 못하는 것은
여전히 탐내는 것이 있기 때문입니다.

卽有所得 以所得故 心不決定
由不決定 無所厭足

불설대생의경

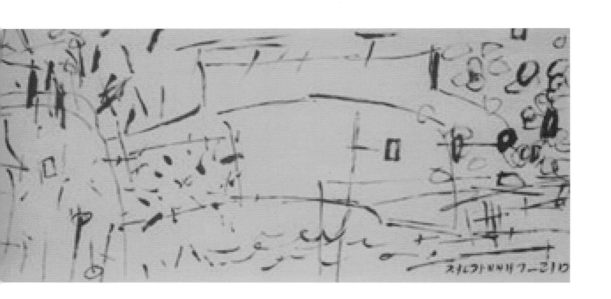

마음을 다스린다는 것

참다운 인내란
참을 수 없는 것을 참는 것

지혜로운 사람은
약한 자에 대해서도 참고
부귀하고 강한 자 앞에서도 겸손합니다.

於羸弱者亦應忍
富貴强盛常謙忍
不可忍忍是名忍

잡보장경 제3권 (29) 용왕계연

마음을 다스린다는 것

큰 돌이 세찬 비를 견디는 것은
그것이 언젠가
그치고 지나갈 것을 알기 때문입니다.

큰 돌이 세찬 비에도 깨지거나 부서지지 않듯
지혜로운 사람은 스쳐가는 모든 것을
묵묵히 참고 견딥니다.

猶如降雨於大石
石無損壞不消滅
智者能忍亦如石

잡보장경 제3권 (29) 용왕게연

마음을 다스린다는 것

활을 만드는 사람은 활을 고르고
뱃사람은 배를 다룹니다.

솜씨 좋은 목수가 나무를 다듬어
아름다운 장롱을 짜듯이

지혜로운 사람은 스스로를 다듬어
몸과 마음을 아름답게 합니다.

弓工調角 水人調船
材匠調木 智者調身

법구경 제14 명철품

마음을 다스린다는 것

세상의 이치를 따지기 전에
먼저 스스로를 돌아 보십시오.
남을 가르치려 하기 전에
먼저 나의 분수를 살펴야 할 것입니다.

옳고 그름을 알아 있을 자리에 있는 것
세상과 남을 판단하기 전에
마땅히 먼저 지켜야 할 도리입니다.

잠들기 전 적어도 하루 한 번은
스스로를 돌아보고 살핀다면
다시 괴로울 일이 없을 것입니다.

學當先求解 觀察別是非
受諦應誨彼 慧然不復惑

법구경 제22 교학품

마음을 다스린다는 것

지혜로운 사람은
눈 앞에 놓인 길을 보기 전에
먼저 스스로를 돌아봅니다.

나를 지키는 것이 곧
나를 사랑하는 일이니

세상에 바라기 전에
나에게서 구하고
옳고 그름을 가리기를
엄격히 하여
스스로를 판단하십시오.

自愛身者 愼護所守
希望欲解 學正不寐

법구비유경 제20 애신품

마음을 다스린다는 것

장인이 오랜 세월 잡은 도끼 자루에는
손가락 자국이 새겨집니다.
그러나
도끼 자루가 차츰 닳아 자국이 생겨도
장인은 그것을 깨닫지 못합니다.

마음의 행보 또한 이와 같아서
오래 다닌 길을 향해 저절로 움직여 가니
그 길의 모습을 돌아보십시오.

譬如巧師 巧師弟子
手執斧柯 捉之不已 漸漸微盡
手指處現 然彼不覺斧柯微盡 而盡處現

잡아함경 제10권

마음을 다스린다는 것

90

스스로 게으름을 물리치고
부지런히 행하는 사람

지혜의 높은 누각에 올라
근심하는 무리를 내려다보며
큰 산의 너그러움으로
용서하고 헤아리는 사람

지혜로운 사람의 눈길은 언제나
따뜻하고 평안합니다.

放逸如自禁 能卻之爲賢
已昇智慧閣 去危爲卽安
明智觀於愚 譬如山與地

법구경 제10 방일품

마음을 다스린다는 것

잠 못 이루는 밤이
끝없이 길고
지친 나그네 앞에 놓인 길이
한없이 멀듯이

어리석은 마음으로 헤매는 사람에게는
윤회의 밤길이 아득합니다.

不寐夜長 疲惓道長
愚生死長 莫知正法

법구경 제13 우암품

마음을 다스린다는 것

위안을 얻고자 한다면
진심을 말하는 사람을 찾으십시오.
그의 말이 나를 기쁘게 하지 않고
우쭐대려는 내 욕심을 채워 주지 않는다 해도

마음에도 없이 엮어 늘어놓는
천 마디의 말보다
진심이 담긴 한마디 말이
마음을 가라앉혀 줍니다.

雖誦千言 句義不正
不如一要 聞可滅意

법구경 제16 술천품

마음을 다스린다는 것

제주 가베너 주리모. 가구저저에~비모, 2011. 5. 4.

깊은 못은
물결에 휘말리지 않으니
한없이 맑고 고요합니다.

마음이 깊은 사람과 함께 걷는 길 또한
한없이 평온할 것입니다.

譬如深淵 澄靜清明
慧人聞道 心淨歡然

법구경 제14 명철품

마음을 다스린다는 것

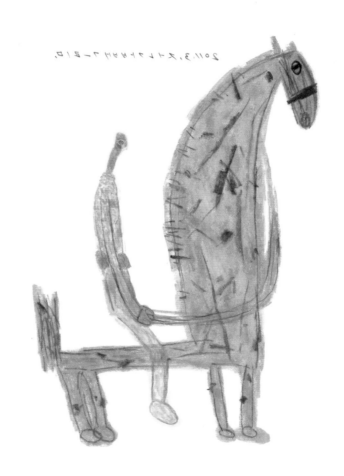

대지와 같은 너그러움으로,
큰 산의 단호함으로,
진심을 다하는 착한 짐승처럼
진리를 깨달은 사람

때묻지 않은 마음으로 걸어가는 길은
행복과 불행을 넘어선 곳으로 이어집니다.

不怒如地 不動如山
眞人無垢 生死世絕

법구경 제15 나한품

마음을 다스린다는 것

사람들 사이를 헤매며 무엇을 구했습니까.

아무도 없는 빈 숲에서
한숨을 돌리는 기쁨에 그것을 비하겠습니까.

집착을 버리고 바라는 것이 줄면
마음의 빈 자리에 비로소
참된 기쁨이 찾아듭니다.

彼樂空閑 衆人不能
快哉無望 無所欲求

법구경 제15 나한품

마음을 다스린다는 것

근심 속에 살면서도 근심이 없으니
나의 삶은 이미
평안합니다.

근심에 지친 사람들과 이웃해 살아도
근심을 벗어나 걷는 길은 평안합니다.

我生已安 不感於憂
衆人有憂 我行無憂

법구경 제23 안녕품

마음을 다스린다는 것

그대는 누구를 사랑합니까.
누가 그대를 사랑합니까.
아끼고 가지려 하는 것이 사랑이라면
그대의 무엇을, 그의 무엇을
내놓고 가지라 하겠습니까.

03

사랑과 집착에 관하여

그대는 누구를 사랑합니까.
누가 그대를 사랑합니까.

아끼고 가지려 하는 것이 사랑이라면
그대의 무엇을
그의 무엇을
내놓고 가지라 하겠습니까.

사랑과 집착에 관하여

함부로 사랑을 주지 말고
미움 또한 품지 마십시오.

사랑하는 사람은 갖지 못해 괴롭고
사랑받지 못하면 초조하고 안타까워
그 속에서 근심과 슬픔이 생겨
착한 마음을 소멸시킵니다.

莫與愛念會 亦莫不念俱
念愛不見苦 不愛念憂慼
於中生愁慼 消滅人善根

법집요송경 제5 애락품

사랑과 집착에 관하여

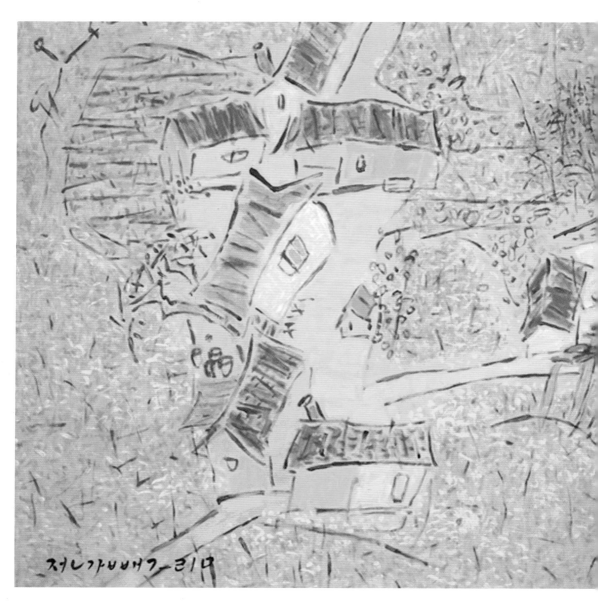

저ㄴ가ㅂㅂㅂㄱ_ㄹ/ㄸ

110

그러므로 사랑을 만들어 가지지 마십시오.
사랑도, 미움도
내 마음이 그려 내는
다하고 마르면 없어질 그림

사랑과 미움을 버리면
마침내 집착의 굴레에서 벗어나
내 마음의 풍경이 어느새
고적한 들에 내리는 오후의 햇빛처럼
아름다워질 것입니다.

是以莫造愛　愛憎惡所由
已除縛結者　無愛無所憎

법구경 제24 호희품

사랑과 집착에 관하여

마음에 사랑이 깃든 것은
어느덧 익숙해졌기 때문

오래되었다 하여 마음을 심지 말고
새로운 것에 매혹당하지도 마십시오.

久故念捨莫思
亦無望當來親

숫타니파타: 불설의족경 제16 유루륵왕경

저나가버려 그리믄 2011. 3. 16.

사랑과 집착에 관하여

모든 것은

이윽고 사라져 가는 법

사라져 가는 것을 슬퍼하지 말고

마음을 끄는 것에 붙잡히지도 마십시오.

見在亡不著憂
離四海疾事走

숫타니파타: 불설의족경 제16 유루륵왕경

사랑과 집착에 관하여

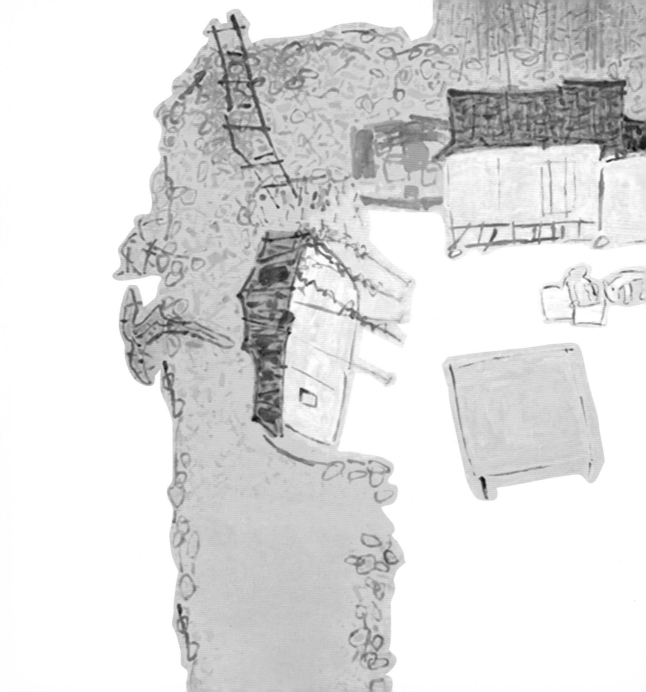

저녁나절 구리미, 산. 2011. 8.5.

잡지 못해 괴롭고
놓지 못해 힘들지 않았습니까.

사랑하는 마음을 떨쳐 보내면
더 이상 마음이 어지럽지 않을 것입니다.

止觀不散亂

법집요송경 제4 방일품

찾아온 것을 반기던 똑같은 마음으로
놓아 보내십시오.

만남이 축복이듯
떠남이 있는 것 또한 구원이니

사랑에서 두려움이 생기고
집착에서 근심이 생기지 않았습니까.

사랑을 벗어나면
무엇이 걱정되고 무엇이 두렵겠습니까.

好樂生憂 好樂生畏

無所好樂 何憂何畏

법구경 제24 호희품

만남이 깊어지면 사랑과 그리움이 깃들고
사랑으로부터 근심이 생기는 법.

훌훌 털고 일어나
내 앞에 놓인 길을 바라보십시오.
무소의 뿔처럼 혼자서 가십시오.

爱念从交往中产生
而痛苦伴随爱念产生
他看到爱念带来的危险
让他象犀牛角一样独自游荡

숫타니파타: 경집 제3장 서우각경

사랑과 집착에 관하여

저가방버フ—리ㅁ, 2011. 4. 21.

싸ㅇ계사가ㅏㄴㅡㄴㄱㅣㄹ.

재물과 색,
애착과 욕심은
칼날 끝의 달콤한 꿀과 같습니다.

한 번 맛보고자 한 것이
두 번이 되고 세 번이 되어 혀를 베이듯
앞이 어두워지고 흐려지는 것을 알면서도
끝내 그 달콤함에 취해 버립니다.

財色之於人
譬如小兒貪刀刃之蜜
甜不足一食之美
然有截舌之患也

사십이장경 제1권

사랑과 집착에 관하여

들길을 가는 나그네가
뱀을 밟을까 조심하는 것처럼

잠시 걸음을 멈추고
내 안의 마음을 돌아보십시오.

是欲當遠

如附蛇頭

숫타니파타: 불설의족경 제1 걸탐왕경

사랑과 집착에 관하여

세상 일의 부질없음을 피해
욕망과 집착을 피해
거리를 두고 비켜서는 것 또한
아름답지 않겠습니까.

違世所樂

當定行禪

숫타니파타: 불설의족경 제1 걸탐왕경

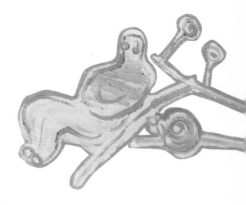

욕망은 이루어지면 기쁘지만
이루지 못하면
마음에 번민의 독화살이 꽂힙니다.

집착을 넘어선 곳에 머무십시오.

增念隨欲 已有復願
日增爲喜 從得自在

有貪世欲 坐貪癡人
既亡欲願 毒箭著身

숫타니파타: 불설의족경 제1 걸탐왕경

사랑과 집착에 관하여

숲 속에서 먹이를 찾는 사슴이
홀로 이리저리 거닐듯이

지혜로운 사람은 자유를 찾아
번뇌의 끈을 훌훌 털어 내고
한가로이 갈 길을 갑니다.

就像鹿兒不受羈絆
在林中随意觅食
聪明人追求自由
让他象犀牛角一样独自游荡

숫타니파타: 경집 제3장 서우각경

사랑과 집착에 관하여

저 가방어 그ーㄹㅣㅁ. ㅅㅐㅂㄱ.   2011.3 8.

138

어리석은 자들과 무리짓지 말고
힘센 코끼리가 한가로이 숲 속을 거닐 듯
무소의 뿔처럼 혼자서 가십시오.

犹如一头魁伟的花斑大象离开象群
在林中随意生活
让他象犀牛角一样独自游荡

숫타니파타: 경집 제3장 서우각경

사랑과 집착에 관하여

무엇이 주어지든
그것으로 족하지 않겠습니까.

고난 또한 이겨 내면 되는 것

두려움 없는 걸음으로
저 무소의 뿔처럼 똑바로 흔들림 없이
갈 길을 가십시오.

事事满意 克服险阻 无所畏惧
让他象犀牛角一样独自游荡

숫타니파타: 경집 제3장 서우각경

사랑과 집착에 관하여

제나비백가리ㅁ

スチレフテレフフリーカリテストー2013.11.6.4.φ

물고기가 그물을 찢고 물로 돌아가듯이
불 탄 들에 다시 불이 붙지 않듯이

모든 번뇌의 매듭을 끊어 버리고
무소의 뿔처럼 당당히
홀로 갈 길을 가십시오.

冲破这些桎梏 犹如水中鱼儿冲破鱼网
犹如火苗不再返回燃烧过的地方
让他象犀牛角一样独自游荡

숫타니파타: 경집 제3장 서우각경

사랑과 집착에 관하여

저 나가 뱃벅ㄱ—리ㅁ

146

소리에 놀라지 않는 사자처럼
그물에 걸리지 않는 바람처럼
흙탕물에 더럽혀지지 않는 연꽃처럼
홀로 거닐어도 당당한 코끼리처럼

거리낌없는 걸음으로
저 무소의 뿔처럼 혼자서 가십시오.

犹如狮子不怕声响
风儿不怕罗网
莲花不怕污水
让他象犀牛角一样独自游荡

숫타니파타: 경집 제3장 서우각경

사랑과 집착에 관하여

생각을 바르게 다듬으면
거센 강물도 앞을 막지 못합니다.

두려움은 언제나
갖고자 하는 집착에서 오는 것
지혜로운 사람은
집착으로 마음을 더럽히지 않습니다.

覺想觀度海 有我尊不計
力行拔未出 致使乃無疑

숫타니파타: 불설의족경 제2 우전왕경

사랑과 집착에 관하여

150

마음에 사랑이 깃든 것은
어느덧 익숙해졌기 때문

낡은 것에 마음을 심지 말고
새로운 것에 매혹당하지도 마십시오.

모든 것은 이윽고 사라져 가는 법
사라져 가는 것을 슬퍼하지 말고
마음을 끄는 것에 붙잡히지도 마십시오.

久故念捨莫思 亦無望當來親
見在亡不著憂 離四海疾事走

숫타니파타: 불설의족경 제16 유루륵왕경

사랑과 집착에 관하여

スイフ アトゥソ州 フーヨ10. フェフ자ス+원0-1は10. 2011. 5. 4.

외롭고 고달픈 날들을 산다 해도
삶은 내가 받은 귀한 선물.
그것을 알기에
죽지 않으려,
계속해서 살아 있고자
있는 힘을 다해 노력합니다.

04

연민과 자비의 마음

산고개 넘어 구리마. 2011. 9. 26.

156

외롭고 고달픈 날들을 산다 해도
삶은 내가 받은 귀한 선물.

그것을 알기에
죽지 않으려, 계속해서 살아 있고자
있는 힘을 다해 노력합니다.

내가 그러하듯
세상 만물 또한
살아 있고자 애를 씁니다.

그 모습이 하도 간절하여
애처롭고도 아름답지 않습니까.

연민과 자비의 마음

때로는
닫아 버리고 싶은 문,
두드려도 열리지 않아 돌아서고 싶은 문

그래도 그 문을 닫지 않고,
돌아서지 않는 것은
그 안에 내게 주어진
한 번뿐인 값진 선물이 있는 것을
알기 때문입니다.

나에게 그것이 소중한 선물이듯
남 또한 소중한 목숨을 지녔음을 기억하십시오.

2014 ㅈㅓㄴ ㄱㅏㅂㅂㅐ ㄱ-ㄹㅣㅁ

연민과 자비의 마음

모든 생명은 채찍을 두려워하고
살아 있는 모든 존재는
살아 있기를 원합니다.
내가 그러하듯
남도 그럴 것입니다.

보잘 것 없는 작은 존재라도
함부로 해치지 말고
죽이거나 죽게 하지 마십시오.

遍於諸方求 念心中間察
頗有斯等類 不愛己愛彼
以己喻彼命 是故不害人

출요경 제6 염품

연민과 자비의 마음

살아 있는 것을 죽이거나
죽게 버려 두지 말고
다치게 하지도 말며
아프게 하지도 마십시오.

내 몸이 맞으면 아프고
내가 아픈 것을 두려워하듯

남의 몸도 맞으면 아프고
남도 나처럼 아파하고 두려워한다는 것을
내 이름을 기억하듯 기억하십시오.

一切皆懼死 莫不畏杖痛
恕己可爲譬 勿殺勿行杖

頗有斯等類 不愛己愛彼
以己喻彼命 是故不害人

출요경 제6 염품

연민과 자비의 마음

내 마음을
남의 마음이 대신할 수 없듯
내가 행하는 모든 일은
오롯이 내가 안고 가야 할
나의 자취를 만듭니다.

ㅈㅓㄴㅏㄱㅅㅂㅐㅐㄱㅣㄹㅁㅣㅁ
2011. 8. 3.

연민과 자비의 마음

남을 위해 몸이 고단하면
마음의 고단함이 풀리듯

세상 모든 일의 근본은
선을 행하고 받는 데서 비롯됩니다.

벌을 받는 것도
복을 받는 것도
모두 내가 스스로 행한 일의 결과

선한 사람의 자취는 아름답습니다.

惡自受罪 善自受福
亦各須熟 彼不自代

법구경 제20 애신품

연민과 자비의 마음

スオレ フトサカサ フーロ10.   2011. 9. 5.

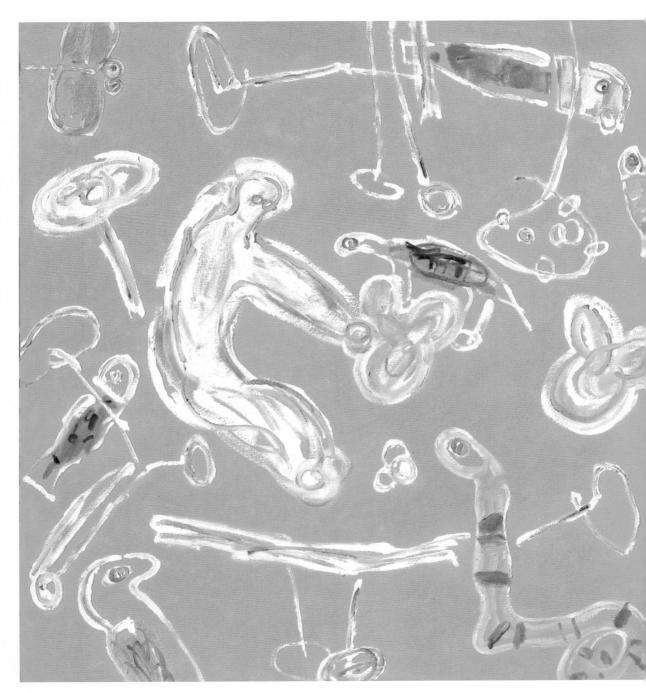

スト기내주기 기-2012.11.24.

수록 작품

* 작품 크기 단위는 cm입니다. 부분적으로 실린 그림도 있습니다.

마실가기, 380x570, 2011

가족, 380x570, 2011

왕곡의 고택, 570x380, 2011

고택에서 하루, 130x76, 2014

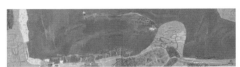

남해, 152x20, 2016

마을-2, 380x570, 2011

동심-3, 380x570, 2011

동심-5, 380x570, 2011

산, 380x570, 2011

말, 380x570, 2011

벚꽃길, 380x570, 2011

동심, 130x93, 2014

숲에서, 76x33, 2014

어우러짐, 76x33, 2014

생동, 380x570, 2011

동백, 90x60, 2014

생동의 봄-2, 73x90, 2014

나무-1, 380x570, 2011

새벽 2, 380x570, 2012

마을 3, 380x570, 2011

동심-1, 380x570, 2011

고택, 33.5x52.3, 2016

구례 곡전재-2,
380x570, 2011

말과 기수, 380x570, 2011

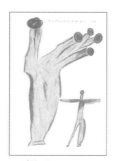

나무-2, 380x570, 2011

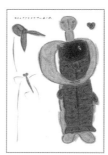

동심-4, 380x570, 2011

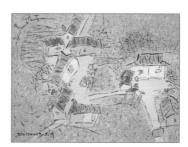

산수유 마을, 90x73, 2014

마당 넓은 집, 76x130, 2014

생동-3, 130x76, 2016

꽃-2, 380x570, 2011

동심-2, 380x570, 2011

유희 1, 75x56, 2014

새벽-1, 380x570, 2011

동심-7, 380x570, 2011

구례 고택, 90x73, 2016

생동 01, 130x76, 2016

흙에서, 130x93, 2016

카페 02, 33.5x52.3, 2016

구례 곡전재, 380x570, 2011

전갑배의 그림으로 읽는 아름다운 지혜의 글

사람은 마음이 사는 집에 사네

초판 1쇄 인쇄 2018년 7월 2일
초판 1쇄 발행 2018년 7월 9일

지은이 박혜수
그린이 전갑배

펴낸이 박혜수
기획편집 오영진 최여진 홍석인
해외저작권 김현경
디자인 원상희 최효희
관리 이명숙
마케팅 오동섭

펴낸곳 마리서사 출판등록 2014년 3월 25일 제300-2016-123호
주소 서울시 종로구 효자로 13길 46(효자동 162-1)
전화 02)334-4322(대표)   **팩스** 02)334-4260   **홈페이지** www.keumdongbooks.com
페이스북 facebook.com/marieslibrary   **블로그** blog.naver.com/marie1621

값 16,000원
ISBN 979-11-959767-6-8 03220

이 도서의 국립중앙도서관 출판예정도서목록(CIP)은 서지정보유통지원시스템 홈페이지(http://seoji.nl.go.kr)와
국가자료공동목록시스템(http://www.nl.go.kr/kolisnet)에서 이용하실 수 있습니다. (CIP제어번호: CIP2018017838)

마리書숲Marie's Library 의 책들

잡담의 인문학 「데일리 메일」, 「인디펜던트」지가 추천한 책!
토머스 W. 호지킨슨 외 지음 | 박홍경 옮김

인문학을 완성한 사람들의 삶과 작품에 얽힌 이야기를 유기적 연결 방식을 통해
들려주는, 지루하지 않은 인문서!

실패의 미덕
샤를 페팽 지음 | 허린 옮김

성공의 비결을 담은 프랑스 철학자의 실패학 개론.
모든 경우에 어떤 대가를 치르더라도 성공할 것을 요구하는 현실 속에서 스스로
자신의 삶을 제어할 용기와 힘을 갖게 해 주는 책!

고독의 끝에서 개가 가르쳐 준 소중한 것
다키모리 고토 지음 | 권남희 옮김

열한 살 소년과 쉰네 살 아저씨가 어느 날 좁은 창고에 사는 개를 구하려 계획을
세우고 이를 계기로 다양한 사람과 사건을 만난다.
성기게 뜬 목도리처럼 따뜻한 소설

사랑해, 나는 길들여지지 않아
앤드루 블룸필드 지음 | 윤영 옮김

자기밖에 모르던 사람이 자기를 버리고 다른 존재를 위해 헌신하게 되는 마음의
여정을 그린 따뜻한 감동 에세이

부는 운명이 아니라 스타일이다
디샹 지음 | 민지숙 옮김

부자들의 특별한 습관과 사고방식. 그들만의 스타일!
머니 게임과 심리 게임을 익혀 부를 끌어오는 방법을 제시한다.

정률 : 반전 없는 성공의 법칙 42
리웨이원 지음 | 민지숙 옮김

고정 관념에서 벗어나 내게 맞는 성공을 정의하고, 반드시 실현되는 성공의 방식을
찾자. 하버드대학의 연구를 바탕으로 정리한 42가지 전략적 성공의 법칙